JULIA

Cordula Tollmien

Marie kommt in die Schule

Zeichnungen von Irmtraut Teltau

Loewe

Die Deutsche Bibliothek – CIP-Einheitsaufnahme

Tollmien, Cordula:
Marie kommt in die Schule / Cordula Tollmien.
Zeichnungen von Irmtraut Teltau.
2. Aufl. – Bindlach : Loewe, 1995
(Loewe Schnuppergeschichten)
ISBN 3-7855-2634-2

ISBN 3-7855-2634-2 – 2. Auflage 1995
© 1994 by Loewes Verlag, Bindlach
Umschlagillustration: Irmtraut Teltau
Satz: Fotosatz Leingärtner, Nabburg
Gesamtherstellung: Mohndruck, Gütersloh
Printed in Germany

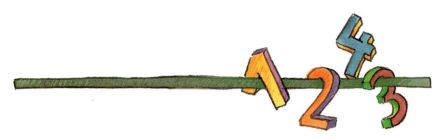

Inhalt

Ein wichtiger Tag

Heute ist ein wichtiger Tag für Marie.

Vor einer Woche ist sie sechs Jahre alt geworden, und nun geht sie das erste Mal in die Schule. Allerdings nur für einen Tag. Marie hat im März Geburtstag, und richtig in die Schule kommt sie erst im Sommer. Aber heute geht sie mit ihrer Mutter trotzdem schon einmal hin. Sie muß nämlich einen Test machen.

Eigentlich weiß Marie gar nicht genau, was das ist, so ein Test. Doch ihre Mutter hat ihr gesagt, daß sie keine Angst haben soll. Der Test sei ganz leicht. Und nur manchmal sagen die Lehrer danach, daß ein Kind lieber noch ein Jahr länger in den Kindergarten gehen soll und erst dann in die Schule. „Und das ist dann auch nicht schlimm", sagt Maries Mutter.

Vor der Schule faßt Marie ihre Mutter vorsichtshalber erst einmal an der Hand. Die Schultür kommt ihr so groß vor und der Gang, den sie jetzt entlanggehen, so lang und breit. Ihr ist ganz beklommen zumute. An den Wänden hängen bunte Bilder. Das gefällt ihr.

Die Mutter sieht sich suchend um. Doch da ist niemand, den sie fragen kann. „Wahrscheinlich im ersten Stock", murmelt sie vor sich hin und steuert mit Marie auf die Treppe zu.

Und tatsächlich: Neben der Treppe hängt ein Schild mit einem Pfeil nach oben. „ZUM SCHULREIFETEST", liest die Mutter laut vor.

Oben ist dann alles ganz einfach. Eine Klassentür steht offen, und in der Tür steht eine junge Lehrerin, die ihnen schon von weitem zuwinkt.

„Hier sind Sie richtig", ruft sie und lacht Marie an. Marie wird gleich ganz warm ums Herz.

Der Test

Die Lehrerin nimmt Marie an der Hand und geht mit ihr in das Klassenzimmer. Dort sitzen schon andere Kinder.

„Kennst du schon jemanden von den anderen?" fragt die Lehrerin.

Marie hat sofort Jonas entdeckt. Jonas ist ihr Freund. Sie gehen zusammen in den Kindergarten.

„Na, dann setz dich mal neben ihn", sagt die Lehrerin.

„So", beginnt die Lehrerin dann. „Jetzt sind alle da, und wir können anfangen. Das, was wir heute zusammen machen werden, ist schon ein bißchen wie richtige Schule. Ihr braucht aber keine Angst zu haben. Ich erkläre euch genau, worum es geht, und ihr macht alles einfach so, wie ihr denkt, daß es richtig ist."

Danach bekommt jedes Kind einen großen, dicken Buntstift. Und dann legt die Lehrerin jedem ein Blatt auf seinen Platz, aber mit der Vorderseite nach unten.

„Nicht umdrehen", sagt sie. „Seht hierher zu mir, und guckt euch genau an, was ich euch jetzt zeige." Dann nimmt sie einen Stapel mit großen Pappbildern und

hält sie der Reihe nach hoch. Auf dem einen Bild ist eine Tasse, auf dem anderen ein Teddybär, auf dem dritten ein Auto, und immer so weiter.

Danach dürfen sie das Blatt auf ihrem Tisch umdrehen. Darauf sind auch ganz viele Bilder. Nur viel kleiner und nicht bunt.

„Streicht alles an, was ihr eben gesehen habt", sagt die Lehrerin. Sie malt eine Tasse an die Tafel und ein dickes Kreuz darüber. „So!" sagt sie. „Habt ihr das verstanden?"

Alle nicken.

„Also los", sagt die Lehrerin.

Marie ist mit ihren Kreuzen ganz schnell fertig. „Das war leicht", denkt sie.

Das Bild

Marie, Jonas und die anderen Kinder, die mit ihnen zusammen in diesem Sommer in die Schule kommen, haben wie im richtigen Unterricht viele verschiedene Aufgaben gelöst. Marie hat rote Wangen bekommen und leuchtende Augen. So ein Test macht richtig Spaß.

Nun ist er fast zu Ende. Die Lehrerin verteilt ein letztes Mal an jeden ein Blatt Papier.

„So", sagt sie. „Jetzt möchte ich, daß ihr mir noch ein schönes Bild von euch selbst malt. Macht ihr das?"

Alle Kinder rufen begeistert „Ja!" und fangen sofort an zu malen.

Marie steckt die Zungenspitze zwischen die Zähne. So kann sie sich viel besser konzentrieren. Es wird ein sehr schönes

Bild, und am liebsten würde sie es mit nach Hause nehmen. Sie ist fast fertig, da sagt die Lehrerin: „Diejenigen von euch, die ihren Namen schon schreiben können, schreiben ihn jetzt bitte unter das Bild."

Marie rutscht das Herz in die Hose. Sie sieht, wie Jonas ein paar Buchstaben malt, und auch Eva, die vor ihr sitzt, schreibt etwas. Und alle anderen Kinder bestimmt auch. Nur sie nicht.

Marie kann ihren Namen noch nicht schreiben. Am liebsten würde sie anfangen zu weinen. Aber da sammelt die Lehrerin schon die Bilder ein und sagt ihnen, daß der Test vorbei ist und sie jetzt wieder nach Hause gehen können.

Marie kann noch nicht schreiben

Maries Mutter wartet draußen vor der Tür.
Sie merkt gleich, daß Marie traurig ist.
Doch Marie sagt kein Wort. Sie faßt ihre
Mutter an der Hand und zieht sie zum
Ausgang.

„Was ist denn los?" wundert sich die
Mutter. „War es so schrecklich?"

„Am Anfang nicht", antwortet Marie.

„Und dann?" fragt die Mutter.

„Dann konnte ich meinen Namen nicht
schreiben." Jetzt weint Marie wirklich.

„Aber Marie", tröstet die Mutter sie,
„das brauchst du doch auch noch nicht zu
können. Du kommst doch in die Schule,
um das zu lernen."

„Die Lehrerin hat aber gesagt, wir
sollten unseren Namen unter das Bild
schreiben", widerspricht Marie.

„Unter welches Bild?" fragt die Mutter. Marie erklärt es ihr. Sie hat Angst, daß sie nun nicht in die Schule darf, weil sie ihren Namen noch nicht schreiben kann.

„Hör zu", sagt die Mutter. „Eins kann ich dir versprechen. Daran wird es bestimmt

nicht scheitern, daß du eingeschult wirst.
Als ich in die Schule kam, konnte ich
meinen Namen ganz sicher noch nicht
schreiben. Und Jan, soweit ich mich
erinnere, auch nicht."

Jan ist Maries Bruder und fünf Jahre
älter als sie. Wenn sie zu Hause sind, wird
sie ihn sofort fragen, ob es stimmt, was
die Mutter gesagt hat.

MARIE, MARIE, MARIE

Jan ist empört. Natürlich kann er seinen
Namen schreiben.

„Aber früher auch schon?" fragt Marie.

„Wann früher?" fragt Jan zurück.

„Als du noch nicht in der Schule warst",
antwortet Marie.

Jan denkt nach. Das weiß er nicht mehr.

„Die drei Buchstaben werde ich wohl gekonnt haben", vermutet er dann.

Marie sieht ihn traurig an. „Ist ja schließlich nicht besonders schwer", setzt Jan noch eins drauf.

„Ich konnte es nicht", flüstert Marie.

„Was konntest du nicht?" Jan versteht sie nicht.

„Meinen Namen schreiben", antwortet Marie leise.

„Na und?" Jan begreift nicht, warum Marie deswegen so traurig ist.

„Jetzt darf ich nicht in die Schule", erklärt ihm Marie.

„So ein Quatsch!" Jan widerspricht aus vollem Herzen. „Du darfst nicht nur in die Schule, du mußt in die Schule. Das ist Vorschrift."

Marie ist halbwegs beruhigt. Jan traut sie mehr als der Mutter. Er muß es wissen. Schließlich geht er jeden Tag zur Schule. Doch vorsichtshalber fragt sie ihn trotzdem: „Kannst du es mir vielleicht zeigen?"

„Was?" fragt Jan zurück.

„Meinen Namen, wie man den schreibt", antwortet Marie.

„Wenn du unbedingt willst", erwidert Jan. Er nimmt ein Blatt Papier und

schreibt in großen Buchstaben MARIE
darauf. „Mal das einfach ab", sagt er.

Marie setzt sich sofort hin und malt los.
Das ist gar nicht so einfach. Ihre Buchstaben sind krumm und tanzen immer aus
der Reihe. Aber sie gibt nicht auf, bis sie
das ganze Blatt mit MARIE, MARIE, MARIE
vollgeschrieben hat.

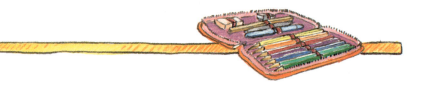

Jetzt ist Schluß damit

Marie hat jetzt einen richtigen Schul-
ranzen. Und nicht nur das: auch eine
Federtasche, die genau zum Ranzen paßt.
In der Federtasche sind ganz viele Stifte.
Marie kann sich nicht satt sehen daran.
Immer wieder macht sie die Federtasche
auf und zu. Und immer wieder setzt sie
den Ranzen auf und läuft damit in ihrem
Zimmer herum.

Schließlich hält sie es nicht mehr aus.
Sie setzt den Ranzen auf und geht auf die
Straße. Stolz läuft sie bis zum Spielplatz.
Am liebsten würde sie bis zur Schule
gehen. Aber ihre Mutter hat ihr das
verboten. Sie wollen den Schulweg erst
noch zusammen üben.

Seitdem Marie den Ranzen hat, kann
sie es überhaupt nicht mehr erwarten, daß

die Schule endlich anfängt. Jeden Tag
fragt sie ihre Mutter, wann es denn endlich
soweit ist. Den Ranzen hat sie immer
griffbereit, auch wenn sie schläft. Dann
liegt er neben ihrem Bett. Und manchmal
ist sie so aufgeregt, daß sie nicht schlafen
kann.

Als sie ihre Mutter schließlich an einem einzigen Tag dreimal fragt, wie lange es noch dauert, bis sie endlich in die Schule kommt, da wird es der Mutter zu bunt.

„Jetzt ist Schluß damit", schimpft sie. „Der Ranzen wird weggeschlossen. Es dauert noch Wochen, bis die Schule anfängt. Mit deiner Aufregung machst du uns ja noch alle verrückt. Werd endlich wieder vernünftig!"

Die vier aus der Vierten

Marie und Jonas gehen nach dem Kindergarten immer zusammen nach Hause. Inzwischen freut sich Marie sogar, daß sie noch nicht sofort in die Schule muß, sondern noch ein paar Wochen mit ihren alten Freunden in den Kindergarten gehen kann.

Sie schubst mit dem Fuß einen flachen Stein vor sich her und schießt ihn dann zu Jonas hinüber. Der schießt ihn zu Marie zurück. Sie sind so vertieft in ihr Spiel, daß sie die drei Jungen und das Mädchen erst sehen, als sie vor ihnen stehen und ihnen den Weg versperren. Marie und Jonas rutscht das Herz in die Hose.

„Na, ihr beiden Zwerge", sagt der Größte von ihnen. „Was wollt ihr denn hier?"

„Wir wollen gar nichts", antwortet
Marie.

Aus irgendeinem Grunde finden die vier
das unglaublich komisch und lachen laut.

„Wir wollen bloß durch", versucht Marie es noch einmal.

„Hast du was gesagt?" fragt wieder der Größte der vier.

„Wir wollen durch", springt ihr Jonas bei.

„Tatsächlich", sagt der Große höhnisch. „Wer hätte das gedacht. Kannst du mir vielleicht mal verraten, wohin ihr wollt?"

„Das geht dich gar nichts an", erwidert Jonas mutig. Und Marie nickt dazu.

Die vier lachen wieder. Aber irgendwie scheinen Marie und Jonas sie beeindruckt zu haben. Sie machen Platz und lassen die beiden durch.

„Die sind auf unserer Schule", flüstert Jonas, als sie ein paar Schritte von den vieren entfernt sind. „Die sind schon in der Vierten."

Der Schwur

Marie und Jonas sitzen zusammen in Maries Zimmer. Sie denken an die vier aus der Vierten.

„Was machen wir bloß, wenn die uns wieder auflauern?" überlegt Jonas.

„Und wenn die uns in der Pause immer ärgern", ergänzt Marie. Plötzlich will sie gar nicht mehr so gern in die Schule.

Beide haben ein ganz komisches Gefühl im Bauch.

„Wir müssen eben zusammenhalten", sagt Jonas schließlich.

„So wie gestern?" fragt Marie.

„Genau so", antwortet Jonas. „Und wenn die zu schlimm sind, dann sagen wir den anderen aus unserer Klasse Bescheid, damit sie uns helfen. Wenn wir viele sind, lassen sie uns bestimmt in Ruhe."

Marie nickt. „Wir müssen uns schwören, daß wir uns in der Schule nie im Stich lassen", sagt sie. „Egal, was passiert."

„Ich schwöre", sagt Jonas und hebt feierlich zwei Finger.

Marie macht es ihm nach. „Wir wollen immer zusammenhalten", sagt sie. „Du mußt mir das nachsprechen."

„Wir wollen immer zusammenhalten", sagt Jonas.

Danach knufft Marie Jonas vor Freude ein bißchen in die Seite.

Und dann fangen sie an, miteinander zu rangeln, und machen schließlich einen richtigen Ringkampf. Aber nur so zum Spaß.

Der Traum

Endlich ist es soweit. „Morgen ist mein erster Schultag." Marie hüpft von einem Bein auf das andere und singt immer wieder diesen einen Satz. Jan tippt sich an die Stirn, als er sie hört. Doch Marie läßt sich nicht beirren.

Am Abend kann Marie vor Aufregung kaum einschlafen. Und als sie dann doch endlich schläft, hat sie einen Traum: Sie ist in der Schule, in dem Klassenzimmer, in dem sie schon bei dem Test war. Jonas ist auch dort, aber auch Jan und die vier aus der Vierten.

Alle sitzen brav in den Bänken. Dann kommt die Lehrerin und malt ein großes Kreuz an die Tafel. Plötzlich hat sich die Lehrerin in die Mutter verwandelt, und der Vater ist auch da. Der Vater fragt Marie, wo sie ihre Zuckertüte hat. Aber sie hat ja noch gar keine. Der Vater nickt und zieht aus seiner Tasche eine ganz kleine Zuckertüte. Er gibt sie Marie.

Marie ist enttäuscht, weil die Zuckertüte so klein ist. Aber plötzlich fängt die Tüte an zu wachsen. Sie wird immer größer. Marie kann sie nicht mehr halten. Sie stellt sie auf den Fußboden und hält sie mit beiden Händen fest. Die Tüte ist jetzt so groß wie Marie. Und sie hört immer noch nicht auf zu wachsen. Jonas hilft ihr und die vier aus der Vierten auch und die Mutter und der Vater: Alle zusammen halten sie die Riesenschultüte.

Genau in dem Moment, als die Tüte so groß ist, daß sie an die Decke des Klassenzimmers stößt, wacht Marie auf.

Scherben bringen Glück

Marie springt aus dem Bett. Jetzt ist es
wirklich soweit. Gestern abend hat sie mit
der Mutter zusammen lange überlegt, was
sie heute anziehen will. Und die Mutter hat
ihr alles ordentlich hingelegt. Deshalb
geht das Anziehen nun ganz schnell. Aber
es fehlt eine Socke, und Marie kann sie
einfach nicht finden.

Da kommt Jan, um sie zum Frühstück
zu holen. „Nimm doch diese hier", grinst
er und wedelt ihr mit der Socke vor der
Nase herum.

„Gib her", schreit Marie. „Das ist
gemein. Du hattest sie versteckt."

Aber damit tut sie Jan unrecht. Die
Socke lag unter dem Stuhl. Sie hatte sie
vor Aufregung nur nicht gesehen.

Doch Jan ist nicht beleidigt. „Nun

komm schon", sagt er. „Wir warten auf
dich."

Der Frühstückstisch ist wunderschön
gedeckt. Aber Marie sieht das gar nicht
richtig. Alle zwei Minuten springt sie auf
und rennt zum Fenster. Sie wartet auf
Jonas. Er will sie zusammen mit seinen

Eltern abholen. Dann wollen sie alle gemeinsam zur Schule gehen. Aber er kommt und kommt nicht. Marie macht sich Sorgen, daß sie sich verspäten.

„Es ist doch noch Zeit", beruhigt sie der Vater. „Sie kommen bestimmt pünktlich."

Da klingelt es. Marie springt auf, und dabei passiert es. Sie stößt an ihre Tasse, und – klirr – liegt diese zerbrochen in einer Kakaopfütze auf dem Fußboden. Marie ist wie versteinert. Sie will gerade anfangen zu weinen, da steht der Vater von Jonas in der Tür.

„Das ist ja wunderbar", ruft er. „Jetzt kann nichts mehr passieren. Scherben bringen Glück."

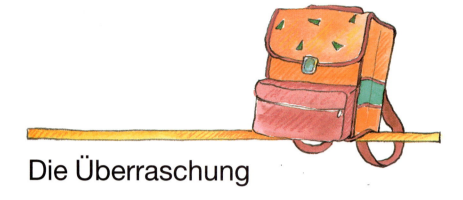

Die Überraschung

Endlich sind alle soweit, daß sie losgehen können. Marie rennt ein paar Meter vor den anderen her und singt und hüpft. Die Schultasche auf ihrem Rücken hüpft mit. Jonas läuft neben ihr. Die Eltern und Jan kommen langsam nach. Doch je mehr sie sich der Schule nähern, desto stiller und langsamer werden Marie und Jonas.

Und als sie dann bei der Schule ankommen, da fährt ihnen ein richtiger Schreck durch die Glieder. Vor der Schultür stehen die vier aus der Vierten. Nicht alle vier, nur zwei von ihnen. Marie und Jonas haben sie sofort erkannt.

Die Eltern und Jan wissen natürlich nichts und gehen einfach auf die beiden zu. Marie und Jonas bleiben stehen.

„Na, was ist?" ruft Maries Vater. „Wollt
ihr plötzlich nicht mehr in die Schule?" Alle
lachen.

Aber Marie und Jonas ist überhaupt
nicht zum Lachen zumute. Doch ewig hier
stehenbleiben können sie auch nicht. Also
gehen sie zögernd weiter. Wenn die Eltern
dabei sind, wird ihnen schon nichts
passieren.

Und dann – was für eine Überraschung!
Die beiden aus der Vierten geben den

Eltern höflich die Hand und sagen: „Guten Tag. Wir sollen Ihnen den Weg zeigen. Kommen Sie bitte mit."

Darüber sind Marie und Jonas so erstaunt, daß sie vergessen weiterzugehen.

„Nun kommt endlich." Maries Mutter nimmt Marie einfach an der Hand. „Was ist denn bloß los mit euch?"

Doch so schnell kann Marie ihr das beim besten Willen nicht erklären. Außerdem streckt ihr einer von den beiden aus der Vierten gerade heimlich die Zunge heraus.

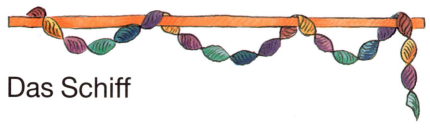

Das Schiff

Die beiden aus der Vierten bringen sie in die Aula. Dort ist schon alles voll. Die Kinder sitzen in den ersten Reihen, die Eltern weiter hinten.

Der ganze Raum ist mit Girlanden geschmückt. Vorn ist eine Bühne. Dort werden die Kinder aus den zwei dritten Klassen gleich ein Stück aufführen. Das weiß Marie von Jan. Denn als er eingeschult wurde, war das auch schon so.

Zuerst betritt ein Mann die Bühne. Es ist der Rektor der Schule. Er begrüßt alle Kinder und Eltern und erzählt dann noch irgend etwas. Aber Marie hört gar nicht richtig hin.

Danach beginnt die Aufführung: Auf der Bühne steht ein großes Schiff. Die Kinder haben es aus Seilen und bunten Tüchern gebaut. Es sieht aber trotzdem ganz echt aus. In dem Schiff sind viele Kinder. Sie laufen alle wild durcheinander und rufen und schreien. Das Schiff schwankt und wackelt, und ein paar Kinder fallen sogar über Bord. Aber zum Glück merken die anderen das rechtzeitig und ziehen sie wieder in das Schiff. Das geht eine ganze Weile so. Die Kinder unten im Saal rufen, wenn wieder mal einer über Bord geht.

Dann verteilen sich plötzlich alle: Eins der Kinder geht an das Steuerrad, zwei setzen das Segel. Zwei andere schöpfen mit einem Eimer Wasser. Einer nimmt einen Schrubber und putzt das Deck. Ein

anderer holt einen Kochtopf und kocht.
Und siehe da: Das Schiff schwankt nicht
mehr. Und als ein paar Kinder ganz doll
gegen das Segel pusten, sieht es so aus,
als fahre das Schiff richtig.

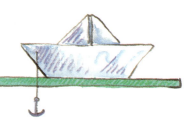

Alles in Ordnung

Nach der Aufführung hält der Rektor noch
eine Rede. Und diesmal hört auch Marie
zu.

„Eure Klasse ist wie dieses Schiff",
sagt er. „Es fährt nur, wenn ihr euch
gemeinsam darum bemüht, wenn ihr
zusammenarbeitet. Und vergeßt nicht:
Jeder von euch ist wichtig. Alle müssen
mithelfen. Wir wollen nicht, daß einer über
Bord geht."

Dann sagt er noch, daß es diesmal drei
erste Klassen gibt und daß er jetzt
nacheinander die Namen aller Kinder
aufrufen wird. Die genannten Kinder sollen
nach vorne kommen und dann mit ihrer
Lehrerin in ihre Klasse gehen.

Als erstes steht die Lehrerin auf, bei der
Marie den Test gemacht hat. Der Rektor

liest einige Namen vor. Doch Marie ist nicht dabei. „Schade", denkt sie. „Die Lehrerin war nett."

Die erste Klasse ist schon weg, und von der zweiten sind auch schon sehr viele Namen aufgerufen worden. Aber Marie und Jonas sitzen immer noch auf ihren Plätzen. Plötzlich hat Marie Angst, daß sie vielleicht gar nicht aufgerufen wird oder daß sie ihren Namen verpaßt hat. Sie sieht Jonas an, der neben ihr sitzt. Doch der guckt gespannt nach vorn und achtet überhaupt nicht auf sie. Sie will ihn gerade anschubsen, da hört sie ihren Namen. Sie steht auf, geht nach vorn und stellt sich zu den anderen Kindern. Sie kann jetzt ihre Eltern sehen, die ihr zuwinken.

Noch zwei andere Kinder werden aufgerufen und dann endlich auch Jonas. Sie hatte schon Angst, daß er in eine andere Klasse kommt. Doch sie sind zusammen, und so ist alles in Ordnung.

Die Apfelklasse

Vor der Aula auf dem Gang sagt ihnen die Lehrerin, daß sie sich zu zweit anfassen und hinter ihr herlaufen sollen.

Sie müssen, wie damals bei dem Test, wieder in den ersten Stock. Dort ist ihr Klassenzimmer. Es ist ganz leicht zu finden: einfach nur die Treppe hinauf und dann die erste Tür links. An der Tür klebt ein Bild von einem großen grünen Apfel.

„Das müßt ihr euch merken", sagt die Lehrerin. „Die Tür mit dem Apfel, das ist die Tür von eurem Klassenzimmer. Wir sind die Apfelklasse."

Alle Kinder lachen, und Marie findet diese Lehrerin jetzt auch sehr nett. Sie dürfen sich einen Platz aussuchen. Das gibt ein ziemliches Gerenne. Marie und Jonas setzen sich natürlich nebeneinander.

Als endlich alle sitzen, ruft die Lehrerin noch einmal alle Namen auf: Eva, Martin, Hassan, Jurek, Anna, Marie, Mario, Jonas, Carsten, Dominik, Julian, Aiken, Rudica, Sabrina, Michael, Sami und noch ein paar andere.

Die Kinder müssen laut „Hier!" rufen, und jedes Kind bekommt dann von der Lehrerin ein Namensschild. Das müssen sie vor sich auf den Platz stellen.

Auf jedem Schild ist neben dem Namen ein Bild gemalt. „Wer seinen Namen noch nicht lesen kann, merkt sich das Bild", sagt die Lehrerin.

Marie kann ihren Namen lesen. Aber die Mutter und Jan hatten recht: Man muß nicht lesen können, bevor man in die Schule kommt. Neben ihrem Namen ist ein Marienkäfer gemalt. Das hätte sie sich leicht merken können.

Umi – der Bär

„So", sagt die Lehrerin. „Der Rektor hat es ja schon gesagt, aber jetzt sage ich euch auch noch einmal, wie ich heiße. Ich bin Frau Horn. Das ist ganz einfach zu merken. Wie das Horn zum Reinpusten."

Die Kinder lachen.

„Hoffentlich ist sie immer so lustig", flüstert Jonas Marie zu. Er war ganz leise, doch Frau Horn hat es trotzdem gehört.

„Ich bin oft sehr lustig, Jonas", sagt sie. „Aber nicht immer. Wir werden sehr viel Spaß zusammen haben, aber auch hart arbeiten. Und dabei wird uns jemand helfen. Jemand, den ich euch jetzt gleich vorstellen möchte."

Frau Horn bückt sich und holt einen kleinen Rucksack unter dem Pult hervor. Die Kinder schauen gespannt zu. Langsam schnürt Frau Horn den Rucksack auf und faßt hinein, und dann guckt plötzlich der Kopf von einem Bären aus dem Rucksack.

„Das ist Umi", sagt Frau Horn. „Er wird von nun an in jeder Stunde bei uns sein. Er wird darauf achten, daß wir nicht durcheinanderreden und daß ihr euch immer meldet, wenn ihr etwas sagen wollt. Aber er wird auch aufpassen, daß

ich niemanden von euch übersehe, wenn er sich meldet. Und er wird uns beim Lesen- und Schreibenlernen helfen. Umis Name wird das erste Wort sein, das wir zusammen schreiben lernen werden. Und danach werden wir immer mehr Wörter lernen, und so können wir alle die schönen Geschichten zusammen lesen, die es über Umi gibt. Na, wie ist es, Umi", fragt Frau Horn dann, „gefallen dir die Kinder, willst du ganz aus deinem Rucksack herauskommen?"

Umi nickt mit dem Kopf, und die Kinder klatschen, als er aus dem Rucksack steigt und sich breitbeinig auf das Pult setzt.

Noch ein Brummbär

Die Tür wird so plötzlich aufgerissen, daß
die Kinder vor Schreck sofort ganz still
sind. Ein riesiger Mann steht in der Tür.

„Was ist denn das für ein Krach?"
brummt er. „Das ist doch hier eine Schule.
Und bei so einem Lärm kann man doch
gar nichts lernen!"

Marie ist sich nicht ganz sicher. Aber es
sieht fast so aus, als sei dieser Riese in
Wirklichkeit gar nicht böse wegen des
Krachs. Er blinzelt so freundlich mit den
Augen. Und da lacht auch schon Frau
Horn: „Gut, daß Sie uns das sagen, Herr
Hartmann. Wir werden es uns merken.
Nicht wahr, Kinder?"

Marie nickt eifrig mit dem Kopf. Andere,
die mutiger sind, rufen laut „Ja" in die
Klasse.

„Hört zu", erklärt Frau Horn dann. „Das ist Herr Hartmann, unser Hausmeister. Er ist dafür zuständig, daß hier bei uns in der Schule alles seine Ordnung hat. Manchmal brummt er ein bißchen. Aber

das ist nicht gefährlich. Dann hat er nämlich gute Laune. Es muß schon viel passieren, damit sich Herr Hartmann wirklich ärgert. Und das merkt man dann sofort. Dann brummt er nämlich nicht mehr."

„Sie müssen es ja wissen", lacht Herr Hartmann. „Aber es stimmt schon. Vor mir müßt ihr wirklich keine Angst haben. Wenn mal irgend etwas nicht funktioniert oder ihr irgend etwas braucht, dann kommt einfach zu mir. Wenn ich allerdings jemanden erwische, der hier nur so zum Spaß irgendwas kaputtmacht oder sich prügelt, oder sonst irgendwie jemandem weh tut, der kriegt es mit mir zu tun." Man sieht, daß er es wirklich ernst meint.

Doch dann lacht er wieder, brummt ein freundliches „Auf Wiedersehen", winkt den Kindern an der Tür sogar noch einmal zu und geht.

Marie findet Herrn Hartmann sehr nett. Bestimmt hilft er ihr im Notfall auch gegen die vier aus der Vierten.

Der Zuckertütenbaum

„Eigentlich könntet ihr ja jetzt nach Hause", sagt Frau Horn. „Aber ich habe das Gefühl, daß ich noch irgend etwas vergessen habe. Wißt ihr vielleicht, was das sein könnte?"

„Die Zuckertüten, die Zuckertüten", schreien alle durcheinander.

„Ja, richtig", sagt Frau Horn. „Aber wo sind die bloß? Ich sehe hier keine." Sie guckt sich suchend um. „Oder seht ihr welche?"

„Nein", schreien wieder alle durcheinander. „Hier sind keine!"

„Psst", Frau Horn legt den Finger auf den Mund. „Wir wollen mal Umi fragen, ob er etwas weiß." Sie beugt sich zu dem Bären hinunter, sagt geheimnisvoll „hm, hm" und „ist gut" und dann zu den

Kindern: „Umi hat gesagt, die hängen wahrscheinlich noch am Zuckertüten- baum, und wir müssen sie erst ernten. Wenn ihr mir versprecht, ganz leise zu sein, dann werde ich mal nachsehen, ob das stimmt."

Frau Horn geht, und die Kinder sind tatsächlich alle ganz still. Es dauert nicht lange, da öffnet sich die Tür. Es quietscht ein bißchen, und dann wird langsam ein Rolltisch hereingeschoben, der über und über mit Zuckertüten beladen ist.

Die Kinder jubeln.

„Glück gehabt", sagt Frau Horn. „Irgendwer hat uns die Ernte schon abgenommen."

Der Berg von Zuckertüten auf dem Tisch sieht so schön aus, daß es Marie fast ein bißchen schade findet, als Frau Horn die Tüten eine nach der anderen in die Hand nimmt und an die Kinder verteilt.

Sie selbst bekommt eine wunderschöne Tüte. Sie ist natürlich nicht so groß wie die in ihrem Traum, aber sehr schwer, und das Seidenpapier oben auf der Tüte raschelt geheimnisvoll.

Marie ist sehr glücklich. Als sie mit den anderen Kindern zusammen aus der Klasse kommt und ihre Eltern sieht, die vor der Tür auf sie warten, würde sie am liebsten hinrennen und sich von ihnen auffangen lassen. Aber das kann sie nicht mit der schweren Tüte.

Cordula Tollmien wurde 1951 in Göttingen geboren. Sie studierte Mathematik, Physik und Geschichte. 1980 begann sie auch literarisch zu arbeiten. Sie schrieb zunächst nur für Erwachsene, in erster Linie Kurzprosa. Seit 1986 schreibt sie auch für Kinder. Für ihr erstes Kinderbuch „La gatta heißt Katze" erhielt sie den Peter-Härtling-Preis für Kinderliteratur.

Irmtraut Teltau wurde 1953 in Hamburg geboren. Sie studierte Illustration an der Fachhochschule für Gestaltung und schloß als Diplom-Designerin ab. Danach begann sie freiberuflich als Illustratorin für verschiedene Verlage zu arbeiten. Inzwischen hat sie schon sehr viele Bücher illustriert, hauptsächlich Kinder- und Jugendbücher. Irmtraut Teltau lebt in Hamburg.

Loewe Schnuppergeschichten

UMI

Ц u   M

        M

    BEN   m

        BAƧTI